まちごとチャイナ

Shandong 002 Qingdao

はじめての青島

「異国情緒」あふれる
黄海のほとりで

Asia City Guide Production

【白地図】山東省と中国沿岸部

CHINA
山東省

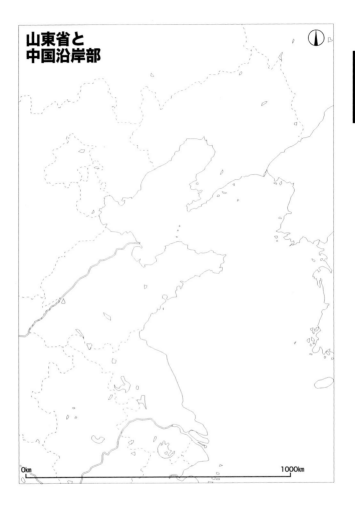

【白地図】青島

CHINA
山東省

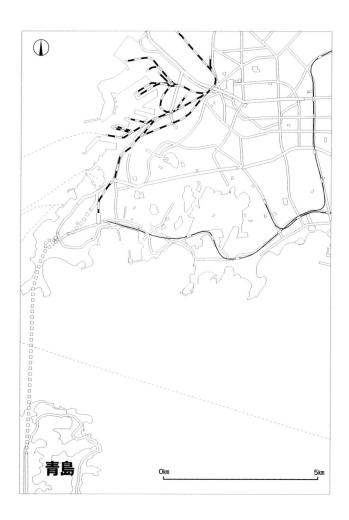

Qingdao 白地図

青島

【白地図】中山路

CHINA
山東省

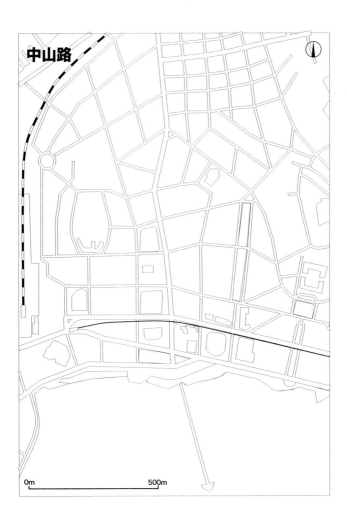

【白地図】大鮑島館陶路

CHINA
山東省

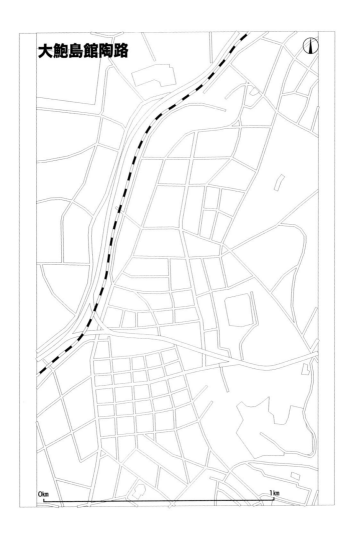

Qingdao 白地図

【白地図】広西路

CHINA
山東省

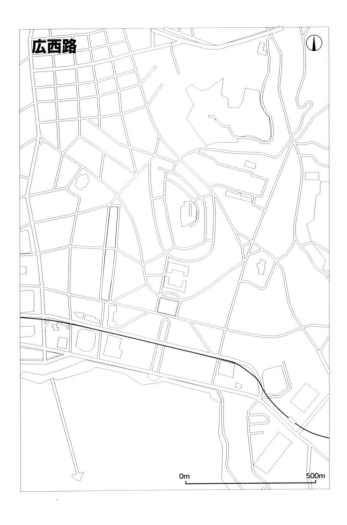

CHINA
山東省

【白地図】信号山小魚山

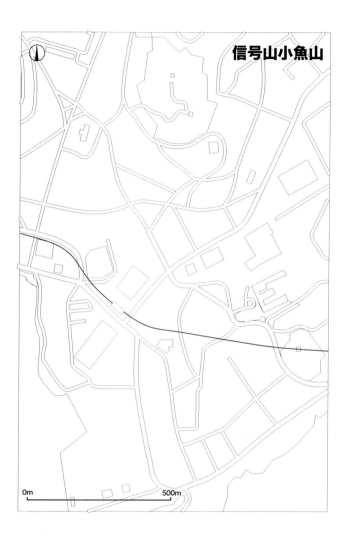

【白地図】八大関台東

CHINA
山東省

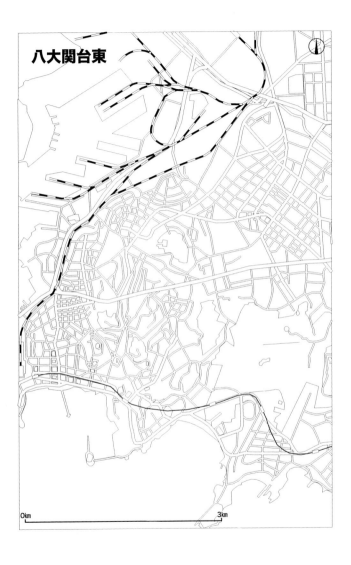

八大関台東

Qingdao 白地図

【白地図】八大関

CHINA
山東省

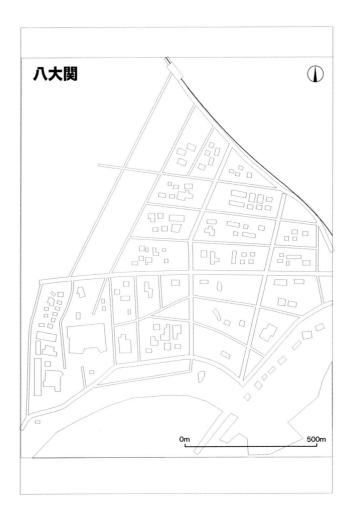

Qingdao | 白地図

【白地図】香港中路石老人

CHINA
山東省

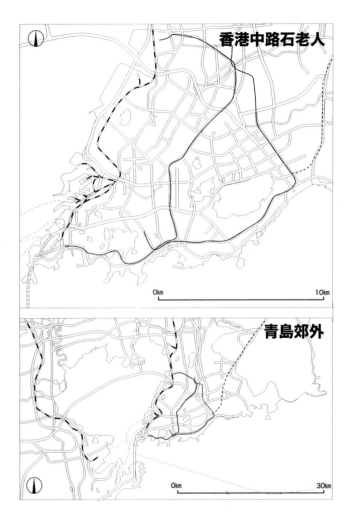

香港中路石老人

青島郊外

Qingdao 白地図

【白地図】香港中路

CHINA
山東省

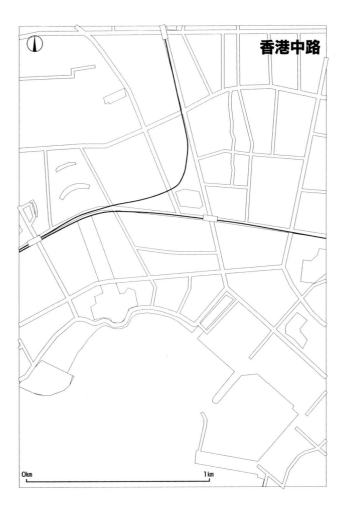

【白地図】崂山

CHINA
山東省

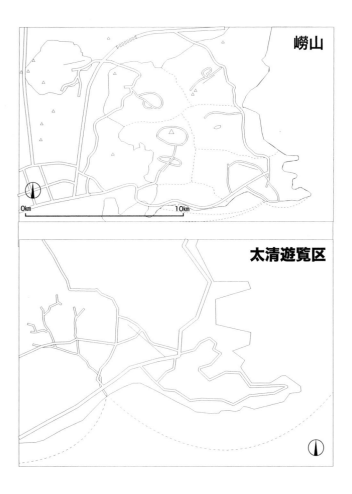

Qingdao 白地図

【まちごとチャイナ】
001 はじめての山東省
002 はじめての青島
003 青島市街
004 青島郊外と開発区
005 煙台
006 臨淄
007 済南
008 泰山
009 曲阜

CHINA
山東省

赤い屋根、緑の樹木、碧色の海、青い空(「紅瓦緑樹、碧海藍天」)に彩られた青島。レンガと石、とんがり屋根のドイツ風建築が続き、黄海からのおだやかな波と心地よい風に包まれた青島は、中国でもっとも美しい街にもあげられる。

青島には長らく小さな漁村がたたずんでいたが、膠州湾口の軍事、経済上の価値を認めたドイツが、1897年に占領し、翌1898年からドイツ植民都市として発展していった。当時、建てられた教会やドイツ風家屋が市街のいたるところで見ら

Qingdao 青岛 Qīng dǎo チィンダアオ
はじめての青島

れ、ドイツ仕込みの青島ビールはこの街の象徴にもなっている。

　美しいビーチと豊かな自然、青島港に陸揚げされる海鮮料理といった優れた環境から、リゾート地としての人気も高い青島。くわえて1990年代以降、郊外につくられた新市街には、多くの企業が拠点を構え、山東省屈指の金融、商業都市となっている。

【まちごとチャイナ】

山東省 002 はじめての青島

目次

はじめての青島 …………………………………………… xxiv

山東半島黄海の真珠 ……………………………………… xxxii

中山路城市案内 …………………………………………… xli

大鮑島館陶路城市案内 …………………………………… xlix

広西路城市案内 …………………………………………… lvi

信号山小魚山城市案内 …………………………………… lxv

青島この街でだけ出逢える ……………………………… lxxii

八大関台東城市案内 ……………………………………… lxxviii

香港中路石老人城市案内 ………………………………… lxxxviii

崂山鑑賞案内 ……………………………………………… xcvi

城市のうつりかわり ……………………………………… ciii

【MEMO】

【地図】山東省と中国沿岸部

CHINA
山東省

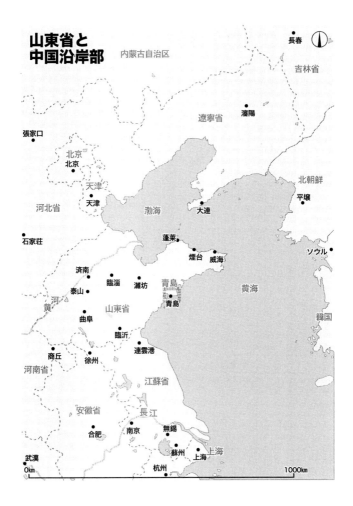

【地図】青島

【地図】青島の [★★★]
- ☐ 桟橋 栈桥チャァンチャオ
- ☐ 八大関景区 八大关景区バアダアグゥアンジィンチュウ
- ☐ 青島ビール博物館 青岛啤酒博物馆 チィンダァオピイジィョオボオウグゥアン

【地図】青島の [★★☆]
- ☐ 中山路 中山路チョンシャンルウ
- ☐ 香港中路 香港中路シィアングァンチョンルウ

【地図】青島の [★☆☆]
- ☐ 青島駅 青岛站チィンダァオヂアン
- ☐ 台東 台东タァイドォン

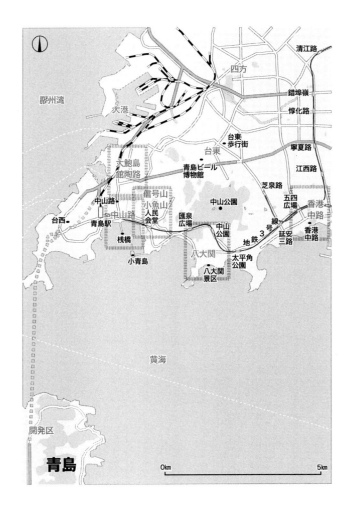

Qingdao はじめての青島

山東半島
黄海の
真珠

CHINA
山東省

ちょうど山東半島のつけ根に位置する青島
青島は日本の東京とほとんど同じ緯度をもつ
山東省を代表する都市の姿

心地よい住環境

信号山や観象山といった丘陵の南側、青島湾に面して、ドイツは植民都市(ドイツ租界)を築き、ドイツ風の緻密な都市計画のもと、建ぺい率や道路の幅、赤のとんがり屋根のならぶ統一された景観ができあがった。ドイツは「森の国」と言われるように、ニセアカシア、ベゴニア、ライラック、ツツジ、桃、桜、松などの植樹を進め、花の香りに包まれる5月の青島を作家老舎は『五月的青島』のなかで記している。また黄海にそった長い海岸線をもつことも青島の特徴で、膠州湾口の「青島旧市街」、20世紀初頭のリゾート地の「八大関」、

Qingdao 山東半島黄海の真珠

新市街の「香港中路」や「石老人」、道教の聖地「崂山」は、黄海にのぞむように位置する。碧色の海、青い空のつくる水平線がどこまでも続き、夏はすずしく、冬は暖かい中国有数の住環境をもつ。

山東省屈指の商業都市

内陸部にある山東省の省都済南に対して、青島は黄海に突き出した山東半島に位置する。1898年以降、ドイツの植民都市として発展した青島は、その街の形成当初から外に開けた性格をもっていた。華北有数のコンテナ取り扱い量をほこる

CHINA
山東省

港湾設備、行政主導のもと整備された複数の開発区、青島に暮らす教育や所得水準、感度の高い人や熟練労働者といった人的資本は、優れたビジネス拠点の要素をもつ。日系企業、韓国企業をはじめとする外資系企業も多く進出し、冷蔵庫、エアコン、洗濯機など、家電産業の海爾集団（ハイアール）と海信集団（ハイセンス）という中国を代表する企業が青島に本社をおく。現在、青島は天津、大連とともに「環渤海経済圏」を構成し、華南の「珠江デルタ（広州、深圳など）」、華中の「長江デルタ（上海、蘇州）」とならぶ第3の経済圏として注目されている。

Qingdao 山東半島黄海の真珠

▲左 赤のとんがり屋根が続く青島の旧市街。 ▲右 ドイツ仕込みの青島ビール、ジョッキで飲む

青島・ドイツ・日本

1898年以降、植民都市として発展をはじめた青島は、列強の思惑に翻弄されながら、わずか数十年で近代都市へと成長をとげた。1898〜1914年がドイツ統治時代で、青島湾に面してドイツ租界が築かれ、今の広西路や中山路にドイツ時代の遺構が残る(通りや山はすべてドイツ名だった)。1914年に第一次世界大戦が勃発すると、日本が青島を占領し、1914〜1922年、1938〜1945年は日本が青島を統治した(通りや山はすべて日本名となった)。日本はドイツ青島の北側に街を広げ、中山路の北を走る館陶路に銀行や商社の支店、さ

CHINA
山東省

らにその北の四方や滄口に日系企業の工場が構えられた。第一次世界大戦を境に、ドイツの権益は日本に受け継がれたが、このとき日本の捕虜となった青島のドイツ兵はソーセージやケーキ、ベートヴェンの第9などを日本に伝えた。

▲左　花嫁に出合った、八大関の花石楼にて。　▲右　ずらりとならんだ海の幸

青島の構成

青島湾に突き出した「桟橋」が街歩きの起点になる。この桟橋は清代の1891年につくられたもので、そこから北に向かって青島旧市街のメインストリート「中山路」が伸びる。中山路北側の「大鮑島」は青島黎明期から中国人の暮らすエリアで、今でも当時の面影を残す。また桟橋の北東あたりがドイツ租界の中心だったところで、「広西路」「青島路」「信号山」などにはドイツ統治時代の遺構が残る。当時、ドイツは青島中心部から4km離れた場所に「台東（鎮）」を整備、中国人を集住させたが、その台東は青島の発展とともに、新たな繁

CHINA
山東省

華街としてにぎわっている。20世紀末、手ぜまになった青島旧市街の郊外に新市街がつくられ、東6kmの「香港中路」には大手企業や行政機関が集まる。またそのさらに東10kmの「石老人」も博物館や展示場、リゾート地をあわせた新街区となっている（そのほか、膠州湾口をはさんで対岸に「開発区」が整備されている）。青島市街から東30km郊外に位置する崂山は、泰山に次ぐ山東省の道教聖地で、多くの人が訪れる景勝地でもある。

【MEMO】

Qingdao 山東半島黄海の真珠

Guide,
Zhong Shan Lu
中山路
城市案内

青島南北を結ぶ大動脈の中山路
かつてフリードリッヒ通りと呼ばれ
ドイツ的から中国的へ、街並みが変化していく

桟橋 栈桥 zhàn qiáo チャァンチャオ［★★★］

青島湾沖に向かって伸びる長さ440ｍ、幅8mの桟橋。ドイツ統治以前の1891年、清朝の衙門や兵営に物資を届けるためにつくられ、当初、「ヤーメンブリッジ（衙門橋）」と呼ばれていた。桟橋の先端には八角二層、黄色の瑠璃瓦を載せる回瀾閣が立ち、この回瀾閣は青島ビールのラベルにも描かれるなど、青島の象徴のひとつとなっている。

【地図】中山路

【地図】中山路の [★★★]
- [ ] 桟橋 栈桥チャァンチャオ

【地図】中山路の [★★☆]
- [ ] 中山路 中山路チョンシャンルウ
- [ ] 浙江路天主教堂 浙江路天主教堂 チャアジィアンルウティエンチュウジィアオタァン
- [ ] 大鮑島 大鲍岛ダアバァオダオ
- [ ] 広西路 广西路グゥアンシイルウ

【地図】中山路の [★☆☆]
- [ ] 青島駅 青岛站チィンダァオヂアン
- [ ] 劈柴院 劈柴院ピイチャアイユゥエン
- [ ] ドイツ総督府旧址 德国总督府旧址 ダアグゥオツォンドウフウジィウチイ

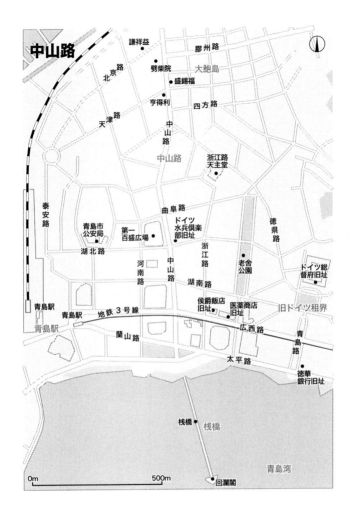

中山路城市案内

CHINA
山東省

▲左　青島駅ここから済南へと鉄道路線は伸びる。　▲右　青島ビールのラベルにも描かれた桟橋の回瀾閣

青島駅 青岛站 qīng dǎo zhàn チィンダァオヂアン [★☆☆]

青島と済南を結ぶ膠済鉄道の起点として整備された青島駅。1899年の膠済鉄道の起工式にはドイツからハインリヒ皇太子が来訪し、1901年にこの青島駅も完成した。山東省内陸部の石炭を青島に運び、そのまま鉄道と港を結びつけたドイツのプランは、当時のアジアでは先進的なものだった。この青島駅は時計塔と赤屋根瓦が印象的なネオ・ルネッサンス様式をもち、いったん解体されたあとの2008年に増改築されて現在にいたる。

【MEMO】

山東省

中山路 中山路 zhōng shān lù チョンシャンルウ ［★★☆］

桟橋から北に向かって走り、多くの人が往来する中山路。帽子店「盛錫福」、衣服店「謙祥益」、時計店「亨得利」など青島を代表する老舗のほか、「第一百盛広場」などの大型店舗が位置する。また周囲には「ドイツ水兵倶楽部旧址（湖北路172号）」、切妻屋根と高さ30mの時計塔からなる「青島市公安局」など、ドイツ統治時代の建物も見られる。

▲左　桟橋から北の大鮑島へ、青島南北を結ぶ中山路。　▲右　2本の尖塔がそびえる浙江路天主教堂

浙江路天主教堂 浙江路天主教堂
zhè jiāng lù tiān zhǔ jiào táng
チャアジィアンルウティエンチュウジィアオタァン[★★☆]

小さな丘に立つ巨大なゴシック建築の浙江路天主教堂。高さ56mの双塔のたたずまいを見せるキリスト教会で、1934年に建てられ、当初、聖ミカエル大教堂と呼ばれていた（江蘇路基督教堂がプロテスタント教会であるのに対して、こちらはローマ・カトリック教会）。浙江路天主教堂前の広場には露店や飲食店舗が集まり、石づくりの欧風建築が連なる美しい景観となっている。

Guide,
Da Bao Dao and Guan Tao Lu
大鮑島館陶路城市案内

中山路の北側は青島黎明期から
中国人の暮らす濃厚な世界があった
当時の面影を今でも残す青島のもうひとつの顔

劈柴院 劈柴院 pǐ chái yuàn ピイチャアイユゥエン [★☆☆]

青島旧市街を走る中山路の北側一帯は、青島黎明期から多くの中国人でにぎわっていた。店舗（商業）と住居（居住）を兼ね備える「里院」と呼ばれる建築がならび、とくに江寧路界隈には10を超す里院が残り、劈柴院はその代表格とされる。1920年代、劈柴院には大道芸人の演じる劇場があり、2009年に再建されて現在の姿となり、茶荘、戯曲台、飯店、小吃店が集まっている。

【地図】大鮑島館陶路

【地図】大鮑島館陶路の [★★☆]
- ☐ 大鮑島 大鮑島ダアバァオダオ
- ☐ 中山路 中山路チョンシャンルウ
- ☐ 浙江路天主教堂 浙江路天主教堂
  チャアジィアンルウティエンチュウジィアオタァン

【地図】大鮑島館陶路の [★☆☆]
- ☐ 劈柴院 劈柴院ピイチャアイユゥエン
- ☐ 即墨路小商品市場 即墨路小商品市场
  ジイモオルウシャオシャァンピンシイチャン
- ☐ 館陶路（青島徳国風情街）馆陶路グゥアンタァオルウ
- ☐ 観象山公園 观象山公园
  グゥアンシィアンシャンゴォンユゥエン

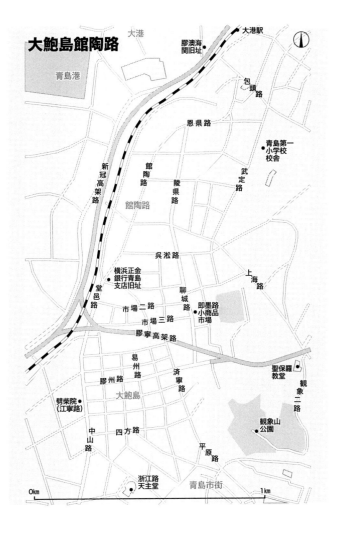

大鮑島館陶路城市案内

CHINA
山東省

大鮑島 大鲍岛 dà bào dǎo ダアバァオダオ ［★★☆］

大鮑島は1898年、ドイツの青島建設がはじまった黎明期から中国人が集住した地域。江蘇省、江西省、浙江省の商人による互助組織の三江会館が立ち、機会と仕事を求めてやってきた中国人がここに暮らした（里院が残る）。現在でも当時の面影を残し、易州路、四方路、高密路というように碁盤の目状の街区をもつ。

▲左　剪紙を思わせるホテルのロゴ　▲右　大鮑島では屋台がずらりとならぶ

即墨路小商品市場 即墨路小商品市场
jí mò lù xiǎo shāng pǐn shì chǎng
ジイモオルウシャオシャァンピンシイチャン ［★☆☆］

市場一路、市場二路、市場三路、聊城路一帯には海産物や雑貨店など、地元の中国人向けの店が集まる。なかでも即墨路小商品市場は、衣類やかばん、時計、雑貨、ヒスイや真珠といった各種商品をあつかう専門店がずらりとならぶ。戦前、この界隈は多くの日本人が暮らした日本人街でもあった。

CHINA
山東省

館陶路（青島徳国風情街）馆陶路
guǎn táo lù グゥアンタァオルウ [★☆☆]

中山路の北側、堂邑路から館陶路にいたる地域は、大港や膠海関に近いウォーターフロントで、現在は「青島ドイツ風情街（青島徳国風情街）」として整備されている。とくに1914年以降の日本統治時代、横浜正金銀行、三井物産、三菱商事らが館陶路に青島支店を構え、1930年代には「青島のウォール街」と呼ばれていた（上海の外灘にあたる場所だった）。

Guide, Guang Xi Lu
広西路城市案内

CHINA
山東省

中国側の主権のおよばない半植民地だった租界
ドイツは本国を思わせる美しい街並みを
ここ青島に築いた

広西路 广西路 guǎng xī lù グゥアンシイルウ ［★★☆］
広西路はかつては「ハインリヒ皇子通り」と呼ばれたドイツ租界の中心地で、現在も当時の建築が多く残っている。とくに1910年竣工で、当時、青島随一の豪華なホテルだった「侯爵飯店旧址（プリンス・ハインリヒ・ホテル）」、1905年に建てられたアール・ヌーヴォーの様式をもつ「医薬商店旧址（レッドハウス・ホテル）」がその代表的なもの。また広西路と1本北側の湖南路あたりは、ドイツ占領以前、青島村があったところで、青島発祥の場所とも考えられる。

ドイツ総督府旧址 德国总督府旧址 dé guó zǒng dū fǔ jiù zhǐ ダアグゥオツォンドウフウジィウチイ ［★☆☆］

85万マルクの大金をつぎこんで1906年に建設されたドイツ総督府旧址（膠澳総督府旧址）。総督の執務室があり、ドイツから派遣された官僚たちも勤務したドイツ租界の心臓部だった。建物は中央から翼を広げるように左右に伸び、幅82.3mの堂々としたたたずまいを見せる。このドイツ総督府旧址から青島湾に向かって、「青島路（ヴィルヘルム通り）」が走り、周囲には「德華銀行旧址」「ドイツ領事館旧址」「膠澳帝国法院旧址」などが残る。

【地図】広西路

【地図】広西路の [★★★]
- [ ] 江蘇路基督教堂 江苏路基督教堂 ジィアンスウルウジィドゥジィアオタァン
- [ ] 桟橋 栈桥 チャァンチャオ

【地図】広西路の [★★☆]
- [ ] 広西路 广西路 グゥアンシイルウ
- [ ] 天后宮 天后宫 ティエンフゥオゴォン
- [ ] 中山路 中山路 チョンシャンルウ
- [ ] 浙江路天主教堂 浙江路天主教堂 チャアジィアンルウティエンチュウジィアオタァン
- [ ] 大鮑島 大鲍岛 ダアバァオダオ

【地図】広西路の [★☆☆]
- [ ] ドイツ総督府旧址 德国总督府旧址 ダアグゥオツォンドウフウジィウチイ
- [ ] 観象山公園 观象山公园 グゥアンシィアンシャンゴォンユゥエン
- [ ] 劈柴院 劈柴院 ピイチャアイユゥエン

CHINA
山東省

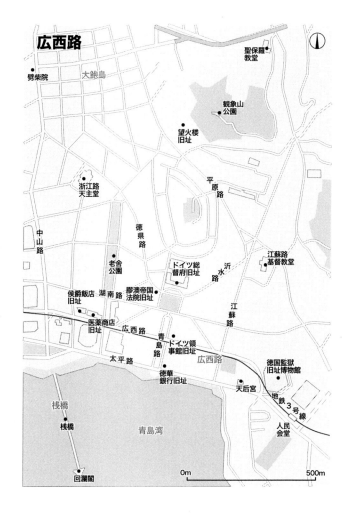

広西路城市案内

▲左　青島でもっとも古い建物の天后宮。　▲右　ここが植民都市青島の中心だった、ドイツ総督府旧址

天后宮 天后宮 tiān hòu gōng ティエンフゥオゴォン [★★☆]

明代の1467年に建てられ、青島村の人たちの信仰の中心だった天后宮。ドイツは青島建設にあたって、この地の民家や集落をすべて焼き払おうとしたが、地元住民の反発を受け、天后宮はそのまま残されることになった（そのため、ドイツ租界にあってこの場所だけ、中国式建築が見られた）。天后宮は黄色の屋根瓦、極彩色の装飾で彩られていて、「天后宮」の扁額がかかげられている。なかには「海の守り神」の天后（南方では媽祖、北方では海神娘々が多い）がまつられ、正殿には高さ2.8mの木彫りの天后坐像が安置されている。

【MEMO】

山東省

江蘇路基督教堂 江苏路基督教堂 jiāng sū lù jī dū jiào táng
ジィアンスウルウジィドゥジィアオタァン [★★★]

1910年に建てられたプロテスタント教会の江蘇路基督教堂。時計をつけた高さ36mの「鐘楼」と「礼拝堂」が非対称的にならび、礼拝堂上部の円形窓、黄色の壁面、生命力ある石張りの建物は、青島を代表する建築にあげられる。中華人民共和国時代にはしばらく閉鎖されていて、1980年、江蘇路基督教堂として再び、開堂した(ドイツでは、ほぼ2対1でプロテスタントの割合が高く、北部にはプロテスタントが多く暮らし、南部にはカトリックが多く暮らす)。

▲左　メルヘンチックな雰囲気の江蘇路基督教堂。　▲右　広西路に残る医薬商店旧址

観象山公園 观象山公园 guān xiàng shān gōng yuán
グゥアンシィアンシャンゴォンユゥエン［★☆☆］

ドイツ旧市街の北側に位置する高さ77mの観象山公園。ここには1912年にドイツが建てた観象台が残るほか、赤屋根の続く青島市街を一望できる。

Guide,
Xin Hao Shan and Xiao Yu Shan Gong Yuan
信号山小魚山城市案内

信号山に残るドイツ総督の暮らした邸宅跡
小魚山公園からは
青島の美しい街並みを一望できる

青島ドイツ総督楼旧址 青岛德国总督楼旧址
qīng dǎo dé guó zǒng dū lóu jiù zhǐ
チィンダァオダアグゥオゾォンドゥロウジィウチイ［★★★］

ドイツ租界にのぞむ高さ98mの信号山に残る青島ドイツ総督楼旧址。1903～07年に建てられたドイツ総督の邸宅跡で、第3代オスカル・フォン・トゥルッペル（1901年～1911年在位）、第4代アフレート・マイアー・ヴァルデック（1911～1914年在位）がここで暮らした。荒々しい石張り仕上げの壁面、頂部に見えるヴァイキング・ドラゴンの彫刻はじめ、変化に富んだ自由奔放さ、彫刻的な装飾は、20世紀初頭の

【地図】信号山小魚山

【地図】信号山小魚山の [★★★]
- ☐ 青島ドイツ総督楼旧址 青岛德国总督楼旧址
  チィンダァオダアグゥオゾォンドゥロウジィウチイ
- ☐ 江蘇路基督教堂 江苏路基督教堂
  ジィアンスウルウジィドゥジィアオタァン

【地図】信号山小魚山の [★★☆]
- ☐ 広西路 广西路 グゥアンシイルウ
- ☐ 天后宮 天后宮 ティエンフゥオゴォン

【地図】信号山小魚山の [★☆☆]
- ☐ 中国海軍博物館 中国海军博物館
  チョングゥオハァイジュンボオウグゥアン
- ☐ 小魚山公園 小鱼山公园
  シィアオユウシャンゴォンユゥエン
- ☐ 青島第一海水浴場 青岛第一海水浴场
  チィンダァオディイイハァイシュイユウチャァン

信号山小魚山

信号山小魚山城市案内

ドイツで流行したユーゲントシュティール（アール・ヌーヴォー）様式となっている。また内部は大小応接室、執務室、書斎などからなり、贅のかぎりがつくされている。1914～22年には日本軍司令官の官邸となり、その後は毛沢東や林彪なども宿泊する迎賓館として使用された。

中国海軍博物館 中国海军博物馆
zhōng guó hǎi jūn bó wù guǎn
チョングゥオハァイジュンボオウウグゥアン ［★☆☆］

1989年に開館した中国海軍博物館。中国海軍の鞍山号と鷹

【MEMO】

CHINA
山東省

潭号が港につながれているほか、航空機、ミサイル、水中武器、海軍の服装や装備などを展示する。

小魚山公園 小鱼山公园 xiǎo yú shān gōng yuán
シィアオユウシャンゴォンユゥエン ［★☆☆］

ドイツ統治時代の美しい青島の街並みが見られる標高61mの小魚山公園。赤屋根の青島旧市街、桟橋、海水浴場、八大関などが視界に入るほか、高さ18m、三層八角の「覧潮閣」が立つ。

Qingdao 信号山 小魚山 城市案内

▲左　魯迅公園から見る青島第一海水浴場。　▲右　贅の限りを尽くした青島ドイツ総督楼旧址

青島第一海水浴場 青岛第一海水浴场
qīng dǎo dì yī hǎi shuǐ yù chǎng
チィンダァオディイイハァイシュイユウチャァン［★☆☆］

匯泉湾にのぞむ美しい砂浜をもつ東西580m、幅40mの青島第一海水浴場。1901〜03年にかけて整備されたビーチで、ここ第一海水浴場から東へ向かって、第二海水浴場、第三海水浴場と続く。そばには1904年に建てられた海浜旅館旧址が立つ。

青島 この街でだけ出逢える

CHINA
山東省

ドイツの植民都市として発展した青島
赤屋根の続く街並みに
青島ビールや海鮮料理を出す店がならぶ

赤屋根のドイツ的景観

民家や商店街をはじめ、街全体が大地の色(赤茶レンガ色の屋根)で統一されるなど、都市景観への配慮がきわだっているドイツ。ギリシャやイタリア(南欧)の建物では石材が使われるが、ドイツ(中欧)では石材の不足もあって、土によるレンガで家屋が建てられた。くわえて、乾燥した南欧と違い、雨を落とすために勾配のある切妻屋根(とんがり屋根)をもつことを特徴とする(現代のイギリスやアメリカでは、傾斜屋根は見られなくなった)。青島ではこのドイツ風都市景観がそのままもち込まれ、大地の色彩と、連続するとんが

Qingdao 青島 この街でだけ出逢える

り屋根から、生命力あふれるたたずまいを見せる。ドイツははげ山の植樹を進めたことで、海や空の青、屋根の赤とともに鮮烈な色彩をもつ青島の景観ができあがった。かつて、青島の通りや地名にはヴィルヘルム通り、ベルリン通り、ハインリヒ皇子通り、ビスマルク山、イルチス山というようにドイツ名がつけられていた。

海鮮をふんだんに使った青島料理

青島料理は山東料理の一派で、膠東料理と呼び、新鮮な魚介類がレストランの軒先にならべられている。これら陸揚げさ

山東省

れたばかりの海鮮を、ねぎ、にんにく、生姜を使って調理するのが青島料理の特徴。ナマコとミンチの「肉末海参（肉末海参）」、はまぐりの炒めもの「辣炒蛤蜊（辣炒蛤蜊）」、キグチと豆腐の煮込み「黄魚燉豆腐（黄鱼炖豆腐）」、ほら貝の揚げもの「油爆海螺（油爆海螺）」、殻つきアワビの「原殻鮑魚（原売鲍鱼）」、魚肉の弾力を楽しめる「酸辣魚丸（酸辣鱼丸）」、崂山のきのこと鶏を煮込んだ「崂山菇燉鶏（崂山菇炖鸡）」、鶏肉のから揚げ「香酥鶏（香酥鸡）」、三鮮焼餃子の「三鮮鍋貼（三鲜锅贴）」、魚介を具にした水餃子「鱲魚水餃（鲅鱼水饺）」などが知られる。

▲左 ヨーロッパの街角を思わせる。　▲右　青島ビール博物館内のビヤホール

ドイツ仕込みの青島ビール

青島では街のいたるところにビールのタンクがあり、屋台でビールを飲んでいる中国人のほか、ビニール袋に生ビールを入れてもち帰っていく人も見られる。青島の代名詞とも言える青島ビールは、1903年に設立された英徳醸酒有限公司を前身とする。青島に暮らすドイツ人のために、本場ドイツの技術者たちの手によって製造され、その技術と伝統は現在も受け継がれている。ドイツ人とビールとの関係は古代ローマ帝国の時代にまでさかのぼり、ゲルマン人の暮らすヨーロッパ北部ではワインの原料となるぶどうが収穫されず、麦を醸

CHINA
山東省

酵させて飲むビール原型飲料が飲まれていたという。このビール原型飲料は、パンに使われる「小麦」ではなく、貯蔵性の高い「大麦」を原料とする。14世紀ごろビール醸造用のホップが栽培されるようになり、15、16世紀ごろ、大麦のモルト（麦芽）、ホップ、水でつくる現在のビールのかたちになった。ドイツでは一般家庭でもビールが広く愛飲されていて、その文化は今、青島に受け継がれ、青島では毎年、青島ビール祭り（青島国際啤酒節）が行なわれている。

Guide,
Ba Da Guan and Tai Dong
八大関台東
城市案内

CHINA
山東省

青島旧市街から少し離れて位置する
八大関と青島ビール博物館、台東
ぜひとも足を運びたい

八大関景区 八大关景区 bā dà guān jǐng qū
バアダアグゥアンジィンチュウ［★★★］

19世紀末から20世紀初頭に建てられた近代建築が残る八大関景区。青島の別荘地だったところで、ロシア、ドイツ、イギリス、フランス、アメリカ、日本、ポルトガル、デンマーク、ギリシャなど、それぞれの様式で建てられた建築が集まる。八大関という名称は、中国の関所の名前からとられた8つの通りが走ることから名づけられ、現在は2つ増え、韶関路、嘉峪関路、山海関、武勝関、正陽関路、寧武関路、紫荊関路、居庸関路、函谷関路、臨淮関路からなる。1931年修

建で、中華民国の蒋介石（1887～1975年）と宋美齢が休暇を過ごした「花石楼」、デンマーク公主の別荘の「公主楼」、1940年に建てられた2階建ての日本式建築「元帥楼」が知られる。

【地図】八大関台東

【地図】八大関台東の［★★★］
- ☐ 八大関景区 八大关景区 バアダアグゥアンジィンチュウ
- ☐ 青島ビール博物館 青岛啤酒博物馆 チィンダァオピイジィョオボオウグゥアン
- ☐ 桟橋 栈桥 チャァンチャオ
- ☐ 青島ドイツ総督楼旧址 青岛德国总督楼旧址 チィンダァオダアグゥオゾンドゥロウジィウチイ

【地図】八大関台東の［★★☆］
- ☐ 中山路 中山路 チョンシャンルウ
- ☐ 大鮑島 大鲍岛 ダアバァオダオ

【地図】八大関台東の［★☆☆］
- ☐ 青島駅 青岛站 チィンダァオヂアン
- ☐ 館陶路（青島徳国風情街）馆陶路 グゥアンタァオルウ
- ☐ ドイツ総督府旧址 德国总督府旧址 ダアグゥオツォンドゥフウジィウチイ
- ☐ 観象山公園 观象山公园 グゥアンシィアンシャンゴォンユゥエン
- ☐ 小魚山公園 小鱼山公园 シィアオユウシャンゴォンユゥエン
- ☐ 青島第一海水浴場 青岛第一海水浴场 チィンダァオディイイハァイシュイユウチャァン

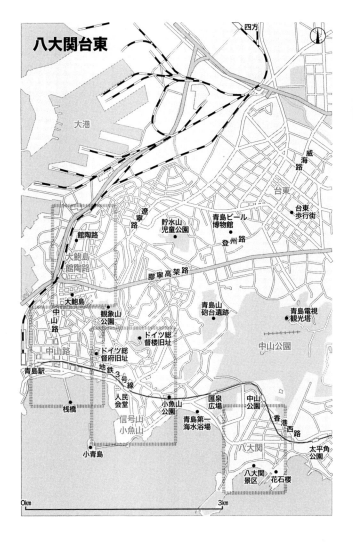

Qingdao | 八大関台東城市案内

【地図】八大関の [★★★]
- 八大関景区 八大关景区 バアダアグゥアンジィンチュウ

Qingdao

八大関台東城市案内

CHINA
山東省

青島ビール博物館 青岛啤酒博物馆
qīng dǎo pí jiǔ bó wù guǎn
チィンダァオピイジィョオボオウウグゥアン ［★★★］

麦芽、ホップ、瓶にいたるまでドイツから輸入し、本場ドイツの製造技術をもちいてつくられた青島ビール。1903年に設立された英徳醸酒有限公司を前身とし、1906年、ミュンヘンの博覧会で金賞を受賞するほどだった。この青島ビール博物館は、かつて青島ビールがつくられていた工場跡で、現在は青島ビールの歴史や製造方法を紹介する。1947年に撮られた広告も見られる「与歴史対話（百年歴史文化陳列

▲左　八大関最大の見どころの花石楼。　▲右　ここで世界的ブランドのビールはつくられた、青島ビール博物館

区)」のA館。ドイツ時代の工場、醸造の様子が紹介されている「与経典相遇（青島啤酒的醸造工芸区）」のB館。できたばかりの酵母の生きた新鮮な青島ビールを飲むことができる「与世界干杯（多功能互動休閑区）」のC館。以上、A館、B館、C館からなり、青島ビールの表記は、現在のピンイン（Qingdao）を使わず、設立当時の表記（Tsingtao）が使われている。また青島啤酒博物館の表を東西に走る登州路は、青島ビール街（登州路啤酒街）となっている。

山東省

台東 台东 tái dōng タァイドォン ［★☆☆］

ドイツ統治時代、青島中心部から3.5km離れた場所に築かれた中国人居住区の台東鎮にはじまる台東。400m四方の正四角形で、碁盤の目条の街区をもち、当初、中国人労働者や商人が暮らしていた。青島市街が拡大した20世紀後半から台東の立地が注目され、現在では台東は青島有数の繁華街となった。台東では南から北に向かって台東一路から台東八路へと続き、とくに台東三路は2006年に台東歩行街として整備された。ここでは「沃爾瑪」「万達広場」などの大型商業店舗がならび、各種ショップ、レストラン、屋台などが集まる。

Guide,
Xiang Gang Zhong Lu and Shi Lao Ren
香港中路石老人城市案内

CHINA
山東省

手ぜまになった旧市街の郊外に
新たにつくられた青島新市街
20世紀末から急速な発展を見せた

香港中路 香港中路
xiāng gǎng zhōng lù
シィアングァンチョンルウ [★★☆]

香港中路は1990年代から開発が進んだ新市街で、現在はこの香港中路が青島の行政、商業の中心地となっている(青島旧市街から東6km)。その中心に位置するのが五四広場で、燃えあがる炎のような真紅の巨大モニュメント「五月的風(5月の風)」が立つ。香港中路には「陽光百貨」「青島イオン(永旺東泰)」「カルフール(家楽福)」といった大型ショッピングモール、「青島国際金融中心(58階建て、高さ249m)」「青

島万邦中心（50階建て、高さ232m）」といったビジネス拠点が集まり、美食街の雲霄路や閩江路も位置する。また浮山湾ではウィンドサーフィンを楽しむ人の姿も見える。

【地図】香港中路石老人

【地図】香港中路石老人の ［★★★］
- ☐ 崂山 崂山ラオシャン
- ☐ 八大関景区 八大关景区バアダアグゥアンジィンチュウ
- ☐ 青島ビール博物館 青岛啤酒博物馆 チィンダァオピイジィョオボオウグゥアン
- ☐ 桟橋 栈桥チャァンチャオ

【地図】香港中路石老人の ［★★☆］
- ☐ 香港中路 香港中路シィアングァンチョンルウ

【地図】香港中路石老人の ［★☆☆］
- ☐ 石老人 石老人シイラァオレン
- ☐ 台東 台东タイドォン
- ☐ 青島駅 青岛站チィンダァオヂアン

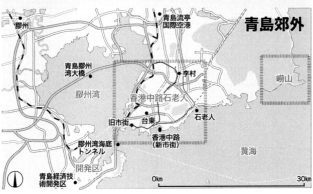

香港中路石老人城市案内

【地図】香港中路の [★★☆]

- 香港中路 香港中路シィアングァンチョンルウ

▲左　高層ビルが林立する香港中路、五月的風の前で。　▲右　石老人の青島博物館

石老人 石老人 shí lǎo rén シイラァオレン ［★☆☆］

石老人にはかつて漁村が点在していたが、1990年代から自然とレジャー、リゾート地を兼ね備えた新街区へと発展した。クラシック・コンサートや演劇の行なわれる「青島大劇院」、2体の北魏石仏像はじめ、青島の歴史や陶磁器、貨幣を展示する「青島博物館」、展示会や国際会議が行なわれる「青島国際会展中心」、青島ビール祭り（青島国際啤酒節）の会場となっている「青島国際ビール城」など、大型施設が集まる。石老人という地名は、老人が海に坐るように見える高さ17mの石柱にちなむ。

**Guide,
Lao Shan**

崂山
鑑賞案内

CHINA
山東省

青島から東 30 km 郊外に位置する崂山
青島屈指の景勝地で
道教発祥地のひとつにもあげられる

崂山 崂山 láo shān ラオシャン [★★★]

黄海に突き出した岬状の広大な敷地面積に、奇岩や絶壁、流水などが点在する景勝地の崂山。「海上名山第一」とたたえられ、『斉記』に「泰山雲高しといえども、東海の崂にはしかず」と記されている。この崂山は、春秋戦国時代から多くの方士が拠を構え、紀元前 219 年に仙薬を求めて登った始皇帝はじめ、漢の武帝や詩人李白など名だたる人物が入山している。崂山景区全体は 300 平方キロメートルという広大な面積におよび、各所にある景勝地のなかでも太清宮は、漢代の紀元前 140 年に建立された歴史をもつ。この崂山 (láo shān)

崂山鑑賞案内 | Qingdao

という名称は、始皇帝巡行の際、付近の住民が道路づくりや運搬の労役を担い、苦しんだからだとも、この山を登るのに労苦が多いからだともいい、労山（láo shān）、牢山（láo shān）とも表記される。またカリウム、ナトリウム、カルシウムなどの鉱物をふくんだ崂山のミネラルウォーターは、青島ビールの製造にあたって使用された。

崂山の構成

崂山では、入口から海岸線にそった「逆 L 字」状に続く遊覧区と、内陸部の丘陵地帯にある遊覧区から構成される。崂

【地図】崂山

【地図】崂山の [★★★]
- [ ] 崂山 崂山ラオシャン

【地図】崂山の [★☆☆]
- [ ] 石老人 石老人シイラァオレン

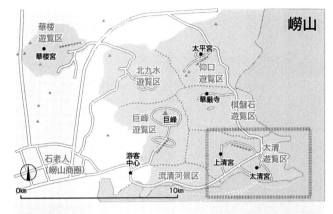

崂山鑑賞案内

CHINA
山東省

▲左　海上名山第一と誉れ高い崂山。　▲右　2000年以上の歴史をもつ太清宮と上清宮の位置する遊覧区

山への入口部分にあたり、打ち寄せる波しぶき、岩礁などが美しい「流清遊覧区」、崂山の中心で、漢代の紀元前140年に建立された太清宮や、その上宮の上清宮が位置する「太清遊覧区」、崂山にある唯一の仏教寺院の華厳寺が残る「棋盤石遊覧区」、美しい砂浜と道教寺院太平宮の見られる「仰口遊覧区」、高さ1132.7m、崂山最高峰の巨峰（崂頂）を中心とした「巨峰遊覧区」、9度曲がる流れのなかに景勝地が点在する「北九水遊覧区」、崂山の北西部、崂山水庫のそばに位置する「華楼遊覧区」からなる。

【MEMO】

城市のうつりかわり

1898年にドイツ植民都市として建設された青島
青島誕生にいたるまでの長い歩みから
日本、中華人民共和国へ主権が遷っていく近現代まで

古代〜唐宋時代（〜13世紀）

青島は1898年以降、ドイツの植民都市として発展をはじめたが、山東半島つけ根の膠州湾地域には古い歴史があった。青島の南西60 kmに位置する琅琊には、春秋戦国時代から華北を代表する港があり、秦の始皇帝（紀元前259〜前210年）は三度この地を訪れている（不老長生の薬を求めて、徐福はこの地から東征したという）。以後、このあたりの中心は青島北40 kmの即墨、北西35 kmの膠州にあり、やがて唐代の623年に膠州板橋鎮がおかれると、膠州湾は海のシルクロードの拠点のひとつとなった。中国南北、朝鮮半島、日本を結

CHINA
山東省

ぶ要衝として、ジャンク船や船乗り、商人、仏僧たちが膠州湾を往来した。また青島郊外の景勝地、崂山の美しさは唐代の詩にも詠われている。

明清時代（14 〜 19 世紀）

青島湾には小青島が浮かび、その岸の集落を青島村といった。この青島村には、明代の1467年に建てられた天后宮が位置し、現存する青島最古の建物となっている。明代、中国沿岸部を荒らした海賊の倭寇対策のため、青島に浮山所という要塞が設置されるなど、青島の地はおもに倭寇対策の海防拠点

▲左　森の国ドイツは青島の植樹も進めた。　▲右　始皇帝も崂山に登ったという

Qingdao　城市のうつりかわり

であった。当時、膠州湾では膠州から南東6kmの港町塔埠頭が知られ、華北と華南の沿岸都市を往来するジャンク船が行き交った（清朝が1861年に煙台に東海関を設置すると、煙台も港町として発展した）。こうしたなか、ドイツの地理学者リヒトホーフェンは1862〜72年に中国を踏査し、膠州湾の重要性を指摘したことで、にわかに膠州湾が注目された。1891年、清朝の李鴻章が山東巡撫とともに膠州湾を視察し、砲台（兵営）を築くことを指示した。青島村に埠頭（現在の桟橋）や兵営が整備されて、北洋艦隊の基地がおかれることになった。

山東省

ドイツ統治時代(1898〜1914年)

19世紀以降、香港や上海を獲得したイギリス、大連やハルビンを獲得したロシアにならって、ドイツは膠州湾地域の獲得をねらっていた。1897年、ドイツは山東省で自国の宣教師が殺害されたことを口実に青島を占領。翌1898年、清朝に膠州湾地域の租借を認めさせ、ここにドイツ植民都市の青島がはじまった。ドイツの目的は山東省の石炭を青島経由で運び出すことにあり、青島の鉄道、港、自然、居住区を融合させた街は、同時代につくられた上海や天津、大連にくらべても完成度の高いものだった(煙台の繁栄を青島が奪って

Qingdao 城市のうつりかわり

いった)。青島港から香港、シンガポール、ブレーメン、ハンブルクを結ぶ汽船が往来し、街には赤屋根、レンガづくりのドイツ風建築がならび、ドイツ人に飲ませる目的で青島ビールの製造もはじまった。ドイツ統治期間、1914年に日本にとって替わられるまで、青島は20年足らずで20万人の人口を抱える都市へと成長していた。

CHINA
山東省

日本統治時代(1914〜45年)

第一次世界大戦に参戦した日本は、1914年、青島を攻略し、ドイツに替わって山東半島の権益を手にすることになった。日本はドイツ租界(旧市街)から北側の大港近くに街区を整備し、多くの日本人、日系企業が青島に進出した。いったん中国側に返されることもあったが、1914〜22年、また日中戦争の1938〜45年のあいだは、青島は日本の主権下にあった。日本側からすれば、山東半島の青島は大陸進出への足がかりとなる地となっていて、多数の紡績業が青島に進出し、青島の工業化も進んだ。1945年の青島は、56万3000人の人

Qingdao 城市のうつりかわり

▲左　青島を代表する繁華街の台東。　▲右　ドイツ風の街並みが見られる青島では街歩きを楽しみたい

口を抱える近代都市となっていて、戦前の青島には、3万人の日本人が暮らしていたという。また1945年の日本敗戦後に起きた国共内戦にあって、1949年の中華人民共和国設立まで、国民党を支援するアメリカ軍の東アジア最大の海軍基地が青島におかれていた。

CHINA
山東省

中華人民共和国（1949年〜）

美しい自然をもつ青島は、20世紀初頭からリゾート地としての評判も高く、1949年の中華人民共和国成立後も毛沢東や鄧小平といった政治家が青島に避暑に訪れている。ドイツ統治下ではじまった青島ビールは、ビール産業育成の戦略もあって、世界的ブランドに成長した。また共産主義の計画経済から資本主義の要素をとり入れる改革開放の流れを受けて、1984年、青島は対外開放都市のひとつとなった。同時に、それまで手ぜまとなっていたドイツ統治時代の青島旧市街から、郊外に新市街の開発がはじまり、現在ではかつて郊外だっ

Qingdao 城市のうつりかわり

た、「台東」「李村」「香港中路」「石老人」、対岸の「黄島（開発区）」がひとつながりとなって大青島を形成する。また青島の住環境や、ビジネス環境から、ハイアールとハイセンスといった青島に拠点をおく企業が世界的に成長をとげ、青島には外資系企業も多く集まっている。現在、青島は天津や大連とともに、珠江デルタ、長江デルタに続く、環渤海経済圏をつくっている。

参考文献

『蓝色文化：青岛』(栾纪曾・郑锐著 / 山东友谊出版社)

『旅游志』(青岛市史志办公室编 / 新华出版社)

『文化卷』(青岛市史志办公室编 / 方志出版社)

『近代青岛的城市规划与建设』((德)托尔斯藤・华纳；青岛市档案馆编译 / 东南大学出版社)

『青岛：德国殖民历史之中国篇:1897-1914』(汉斯-马丁・辛茨・克里斯托夫・林德编著；贡杜拉・亨克尔・景岱灵译 / 青岛出版社)

『青岛导游』(张树枫・郑培昕 / 青岛出版社)

『植民都市・青島 1914-1931』(ヴォルフガング・バウワー著・森宜人・柳沢のどか訳 / 昭和堂)

『青島の都市形成史:1897-1945』(樊玉璽 / 思文閣出版)

『青島（チンタオ）をめぐるドイツと日本』(瀬戸武彦 / 高知大学学術研究報告)

『中国青島市における並木道空間の形成（1891-1945)』(江本硯・藤川昌樹 / 日本建築学会計画系論文集)

『戻り入居による里院の再開発に関する研究』(張瀟・澤木昌典・柴田祐 / 日本建築学会計画系論文集)

『商業活性化を目的とした里院の保全・再開発に関する研究』(張瀟・柴田祐・澤木昌典 / 日本建築学会計画系論文集)

『近現代の山東経済と日本：青島ビール・在華紡などを例に』（久保亨 / 東洋学報）

『美しい中国 青島 歴史が醸す文化の香り 海に托す健全な明日』（単濤・田潔 / 人民中国）

『中国におけるビール産業の発展と立地：青島ビールを事例として』（柳井 雅也・于殿文 / 富山大学紀要）

『康有為と青島』（柴田幹夫 / 環日本海研究年報）

『ドイツ』（池内紀ほか / 新潮社）

『世界大百科事典』（平凡社）

青島地下鉄路線図

http://machigotopub.com/pdf/qingdaometro.pdf

青島旧市街 STAY（ホテル＆レストラン情報）

http://machigotopub.com/pdf/oldqingdaostay.pdf

青島新市街 STAY（ホテル＆レストラン情報）

http://machigotopub.com/pdf/newqingdaostay.pdf

まちごとパブリッシングの旅行ガイド
Machigoto INDIA , Machigoto ASIA , Machigoto CHINA

【北インド - まちごとインド】

001 はじめての北インド
002 はじめてのデリー
003 オールド・デリー
004 ニュー・デリー
005 南デリー
012 アーグラ
013 ファテープル・シークリー
014 バラナシ
015 サールナート
022 カージュラホ
032 アムリトサル

【西インド - まちごとインド】

001 はじめてのラジャスタン
002 ジャイプル
003 ジョードプル
004 ジャイサルメール
005 ウダイプル
006 アジメール(プシュカル)
007 ビカネール
008 シェカワティ
011 はじめてのマハラシュトラ
012 ムンバイ
013 プネー
014 アウランガバード
015 エローラ
016 アジャンタ
021 はじめてのグジャラート
022 アーメダバード
023 ヴァドダラー(チャンパネール)

024 ブジ(カッチ地方)

【東インド - まちごとインド】

002 コルカタ
012 ブッダガヤ

【南インド - まちごとインド】

001 はじめてのタミルナードゥ
002 チェンナイ
003 カーンチプラム
004 マハーバリプラム
005 タンジャヴール
006 クンバコナムとカーヴェリー・デルタ
007 ティルチラパッリ
008 マドゥライ
009 ラーメシュワラム
010 カニャークマリ
021 はじめてのケーララ
022 ティルヴァナンタプラム
023 バックウォーター(コッラム〜アラップーザ)
024 コーチ(コーチン)
025 トリシュール

【ネパール - まちごとアジア】

001 はじめてのカトマンズ
002 カトマンズ
003 スワヤンブナート

004 パタン
005 バクタプル
006 ポカラ
007 ルンビニ
008 チトワン国立公園

【バングラデシュ - まちごとアジア】

001 はじめてのバングラデシュ
002 ダッカ
003 バゲルハット（クルナ）
004 シュンドルボン
005 プティア
006 モハスタン（ボグラ）
007 パハルプール

【パキスタン - まちごとアジア】

002 フンザ
003 ギルギット（KKH）
004 ラホール
005 ハラッパ
006 ムルタン

【イラン - まちごとアジア】

001 はじめてのイラン
002 テヘラン
003 イスファハン
004 シーラーズ
005 ペルセポリス
006 パサルガダエ（ナグシェ・ロスタム）
007 ヤズド
008 チョガ・ザンビル（アフヴァーズ）
009 タブリーズ

010 アルダビール

【北京 - まちごとチャイナ】

001 はじめての北京
002 故宮（天安門広場）
003 胡同と旧皇城
004 天壇と旧崇文区
005 瑠璃廠と旧宣武区
006 王府井と市街東部
007 北京動物園と市街西部
008 頤和園と西山
009 盧溝橋と周口店
010 万里の長城と明十三陵

【天津 - まちごとチャイナ】

001 はじめての天津
002 天津市街
003 浜海新区と市街南部
004 薊県と清東陵

【上海 - まちごとチャイナ】

001 はじめての上海
002 浦東新区
003 外灘と南京東路
004 淮海路と市街西部
005 虹口と市街北部
006 上海郊外（龍華・七宝・松江・嘉定）
007 水郷地帯（朱家角・周荘・同里・甪直）

【河北省 - まちごとチャイナ】

001 はじめての河北省
002 石家荘
003 秦皇島
004 承徳
005 張家口
006 保定
007 邯鄲

【山東省 - まちごとチャイナ】

001 はじめての山東省
002 はじめての青島
003 青島市街
004 青島郊外と開発区
005 煙台
006 臨淄
007 済南
008 泰山
009 曲阜

【江蘇省 - まちごとチャイナ】

001 はじめての江蘇省
002 はじめての蘇州
003 蘇州旧城
004 蘇州郊外と開発区
005 無錫
006 揚州
007 鎮江
008 はじめての南京
009 南京旧城
010 南京紫金山と下関
011 雨花台と南京郊外・開発区
012 徐州

【浙江省 - まちごとチャイナ】

001 はじめての浙江省
002 はじめての杭州
003 西湖と山林杭州
004 杭州旧城と開発区
005 紹興
006 はじめての寧波
007 寧波旧城
008 寧波郊外と開発区
009 普陀山
010 天台山
011 温州

【福建省 - まちごとチャイナ】

001 はじめての福建省
002 はじめての福州
003 福州旧城
004 福州郊外と開発区
005 武夷山
006 泉州
007 厦門
008 客家土楼

【広東省 - まちごとチャイナ】

001 はじめての広東省
002 はじめての広州
003 広州古城
004 天河と広州郊外
005 深圳(深セン)
006 東莞
007 開平(江門)
008 韶関
009 はじめての潮汕

010 潮州
011 汕頭

【遼寧省 - まちごとチャイナ】

001 はじめての遼寧省
002 はじめての大連
003 大連市街
004 旅順
005 金州新区
006 はじめての瀋陽
007 瀋陽故宮と旧市街
008 瀋陽駅と市街地
009 北陵と瀋陽郊外
010 撫順

【重慶 - まちごとチャイナ】

001 はじめての重慶
002 重慶市街
003 三峡下り（重慶〜宜昌）
004 大足

【香港 - まちごとチャイナ】

001 はじめての香港
002 中環と香港島北岸
003 上環と香港島南岸
004 尖沙咀と九龍市街
005 九龍城と九龍郊外
006 新界
007 ランタオ島と島嶼部

【マカオ - まちごとチャイナ】

001 はじめてのマカオ
002 セナド広場とマカオ中心部
003 媽閣廟とマカオ半島南部
004 東望洋山とマカオ半島北部
005 新口岸とタイパ・コロアン

【Juo-Mujin（電子書籍のみ）】

Juo-Mujin 香港縦横無尽
Juo-Mujin 北京縦横無尽
Juo-Mujin 上海縦横無尽
見せよう！デリーでヒンディー語
見せよう！タージマハルでヒンディー語
見せよう！砂漠のラジャスタンでヒンディー語

【自力旅游中国 Tabisuru CHINA】

001 バスに揺られて「自力で長城」
002 バスに揺られて「自力で石家荘」
003 バスに揺られて「自力で承徳」
004 船に揺られて「自力で普陀山」
005 バスに揺られて「自力で天台山」
006 バスに揺られて「自力で秦皇島」
007 バスに揺られて「自力で張家口」
008 バスに揺られて「自力で邯鄲」
009 バスに揺られて「自力で保定」
010 バスに揺られて「自力で清東陵」
011 バスに揺られて「自力で潮州」
012 バスに揺られて「自力で汕頭」
013 バスに揺られて「自力で温州」
014 バスに揺られて「自力で福州」
015 メトロに揺られて「自力で深圳」

【車輪はつばさ】
南インドのアイラヴァテシュワラ寺院には建築本体に車輪がついていて寺院に乗った神さまが人びとの想いを運ぶと言います。

- 本書はオンデマンド印刷で作成されています。
- 本書の内容に関するご意見、お問い合わせは、発行元のまちごとパブリッシング info@machigotopub.com までお願いします。

まちごとチャイナ
山東省002はじめての青島
～「異国情緒」あふれる黄海のほとりで［モノクロノートブック版］

2017年11月14日　発行

著　者	「アジア城市（まち）案内」制作委員会
発行者	赤松　耕次
発行所	まちごとパブリッシング株式会社
	〒181-0013　東京都三鷹市下連雀4-4-36
	URL http://www.machigotopub.com/
発売元	株式会社デジタルパブリッシングサービス
	〒162-0812　東京都新宿区西五軒町11-13
	清水ビル3F
印刷・製本	株式会社デジタルパブリッシングサービス
	URL http://www.d-pub.co.jp/

MP190

ISBN978-4-86143-324-5 C0326　　　Printed in Japan
本書の無断複製複写（コピー）は、著作権法上での例外を除き、禁じられています。